32416

Prix de la livraison : **UN FRANC**.

L'INDUSTRIE
DANS LES ARDENNES

HISTOIRE ET DESCRIPTION
DES
ÉTABLISSEMENTS INDUSTRIELS
DU DÉPARTEMENT

Par

BLIARD,
Professeur de physique et de chimie
au collége de Charleville.

DUCOIN,
Inspecteur départemental, ancien professeur
de sciences,

AVEC LE CONCOURS D'UN GRAND NOMBRE D'INDUSTRIELS

Ire Livraison : — **ARDOISIÈRES**; — 1re Partie.

Illustrée de 16 figures dans le texte.

SOMMAIRE :

A MÉZIÈRES,
CHEZ LES AUTEURS, FAUBOURG D'ARCHES, N° 11,
Et chez les principaux Libraires du département.

Mézières, Imprimerie et Lithographie de F. Devin, rue du Château.

LES ARDOISIÈRES

Fig. 1ʳᵉ. — Fabrication de l'Ardoise. — 1ʳᵉ Partie (v. page 10).
(Photographie de E. Jacoby, de Charleville).

LÉGENDE : — Les *faix* d'ardoise, remontés *du fond*, sont portés à dos jusqu'aux *baraques*. — Ils sont *quernés* ou divisés en *spartons*, d'abord au moyen d'une entaille au ciseau ou à la scie ; puis à l'aide du maillet. — Le sparton est ensuite *amoïné* au moyen d'un ciseau, qui le partage, suivant son épaisseur, en éclats de 10 à 12 millimètres. — Enfin chaque éclat est *fendu* en deux feuillets ; puis chaque feuillet en deux autres. — (Voir la 2ᵉ partie du travail, page 9).

EXTRACTION DE LA PIERRE ARDOISE.

Les ardoises propres à la couverture des maisons, se détachent de blocs de pierre schisteuse (feuilletée) qui se trouve dans un certain nombre de lieux.

En examinant la carte géologique de France, on voit que le terrain de transition, dont le schiste ardoisier fait partie, apparaît à la surface du sol sur divers points de l'Empire, notamment :

Au nord du département des Ardennes et de l'Aisne ; —
dans une partie considérable de l'Anjou, du Maine, du
Calvados et de la Bretagne ; — sur un point de l'Alsace ;
— dans les gorges du Limousin ; — dans un canton des
Alpes ; — enfin, le long des Pyrénées.

L'existence du schiste ardoisier ne suppose pas toujours
l'existence de l'ardoise utile ; loin de là. Sous ce rapport
peu de contrées sont aussi bien partagées que les Ardennes.

Nos ardoisières se sont exploitées jadis comme celles
d'Anjou, à ciel ouvert ; aujourd'hui, elles sont l'objet de
travaux souterrains très-curieux, comparables, dit M. Sauvage, à ceux qui s'exécutent dans les plus grandes mines.

Nous n'avons pas la prétention d'apprendre ici aux gens
du métier, les secrets d'un travail qu'ils connaissent mieux
que nous ; nous n'avons pas non plus celle de refaire le
savant ouvrage de MM. Sauvage et Buvignier ; nous écri-
vons pour les gens du monde, qui écrément la science.
Nous serons donc sobres de détails techniques.

Les savants se figurent la terre comme un soleil éteint.
Ils enseignent qu'en se refroidissant, le globe s'est trouvé
d'abord enveloppé d'une croûte de granit, qui conserve
des traces de son origine ignée.

Plus tard, ajoutent-ils, les eaux et d'autres substances
vaporisées, se condensèrent sur cette écorce tiédie ; elles la
délavèrent, en rongèrent les aspérités, déposant sur un
point les matières dissoutes ou délayées sur un autre.

Ajoutez de la chaleur, de la pression et une certaine
action chimique ; vous aurez une idée de la formation des
dépôts feuilletés qu'on nomme *schistes*.

Ces dépôts étaient d'abord couchés horizontalement sur
la couche primitive ; mais on peut se figurer l'effet de la
chaleur intérieure sur une écorce peu résistante, lorsqu'on
voit les ravages des volcans sur cette même écorce épaissie :
elle fut soulevée, ridée, crevassée.

Un de ces boursoufflements s'est produit dans le sol ardennais, dès les premiers âges, après le dépôt du schiste ; le soulèvement a été tel, que son point culminant n'a pas été depuis couvert par les eaux ; il a, sauf les sinuosités, la forme d'un triangle dont les sommets seraient voisins de Givet, de Signy-le-Petit, et de la pointe nord-est du canton de Carignan. Au midi de ce triangle, le schiste plonge sous les terrains de formation plus moderne.

Dans le triangle, il affleure partout ; mais il n'est pas partout propre à faire l'ardoise : ici les dépôts ont été mélangés ; là fendillés, ailleurs trop altérés. Il faut savoir choisir ; et les plus habiles s'y trompent. Heureux qui tombe sur une bonne veine !

La nécessité de prémunir les gens inexpérimentés contre les illusions, a forcé l'Etat d'intervenir dans l'exploitation des *mines*, *minières* et *carrières*. Or c'est parmi les carrières, que les ardoisières sont classées. Si l'exploitation se fait à ciel ouvert, l'exploitant n'a pas besoin d'être autorisé ; il est seulement surveillé. Mais s'il faut des galeries souterraines, l'autorisation préfectorale est nécessaire ; elle est donnée sur le rapport de l'Ingénieur des mines. (1)

L'autorisation obtenue, il s'agit d'attaquer la veine. Rendons-nous compte de la disposition de cette veine.

Le feuilletage de la pierre nous donne l'idée d'un livre posé à plat sur un pupitre de granit plus ou moins incliné. Supposons que pupitre et livre soient recouverts d'une couche de terre ; seule, la tranche affleure (ou à peu près) à la surface du sol. Les feuillets représentent par leur direction *l'inclinaison* de la veine, comme ils représentent par leur texture le feuilletage de la pierre.

Admettons qu'il s'agit d'un vieux livre portant sur ses

(1) Voici la date des lois et règlements sur la matière :
Loi du 21 avril 1810, la plus importante ; — loi du 27 avril 1838, qui la complète. Décret du 6 mai 1811 sur les redevances ; — ordonnance-règlement du 26 mars 1843 ; — règlement du 28 janvier 1834, sur les ardoisières des Ardennes.

feuillets (de haut en bas) des traces linéaires comme les papiers *vergés* d'autrefois, ou les papiers *quadrillés* d'aujourd'hui. Ces lignes nous figureront le fil de la pierre ardoise, le *longrain*, suivant lequel elle se débite le mieux dans le sens de sa longueur. Si le livre est bien droit sur son pupitre, le longrain suivra l'inclinaison ; s'il est en biais, le longrain aura sa direction, sa *pente* particulière.

Retenons qu'il ne faut pas confondre, dans une veine, l'*inclinaison* avec la *pente*. C'est assez pour ce qu'il nous sera possible d'expliquer ici.

Les ouvriers attaquent la veine à son affleurement, à moins que les ondulations du sol ne permettent d'aller la rejoindre plus commodément par une autre voie. Ils creusent une première galerie dans le schiste, suivant son inclinaison ; ils la maçonnent et la voûtent, si c'est utile.

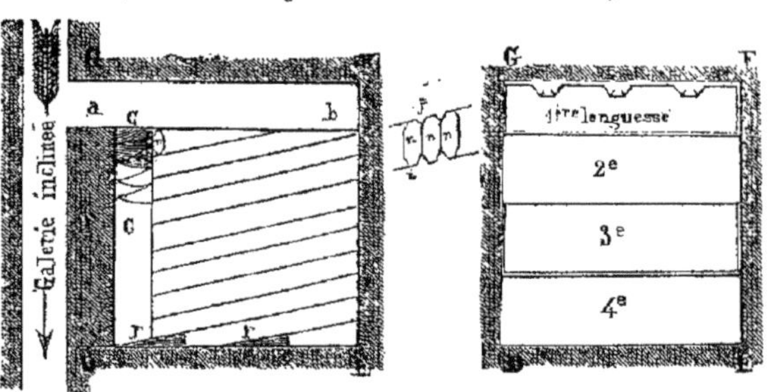

Fig. 2. — Plan d'un crabotage, ou attaque d'un ouvrage de 13 à 16 m. de côté.

Fig. 3. — Forme des nœuds *n* détachés.

Fig. 4. — Plan de l'exploitation d'un ouvrage craboté.

LÉGENDE : — D E F G (fig. 2 et 4). Partie intacte faisant pilier. — Paroi ou *naye*, entre l'ouvrage et la grande galerie. — a. *Porche d'entrée* pour communiquer de l'ouvrage à la galerie. — ab. *Porche de côté*, formant le devant de l'ouvrage. — CC. *Porche en bout*, ou *porche incliné*, d'un mètre de largeur. — L'ouvrier réduit la pierre au pic en allant de gauche à droite et peu à peu comme l'indiquent les hachures ; puis de droite à gauche, et ainsi de suite, jusqu'en *r*. — Un autre ouvrier se met à la reprise, sitôt qu'elle a une profondeur de $0^m 80$, et fait tomber successivement, en avançant de côté, des nœuds *n*, *n*, jusqu'à la paroi gauche EF. — Les parties *r*, *r*, se réduisent aussi au pic pour dresser le derrière DE.

Cette galerie est large, car on y logera des échelles, ou l'on y pratiquera des marches ; on y installera des pompes ; on y fixera des rails pour remonter la pierre.

Les travaux d'extraction varient beaucoup. Nous donnerons comme exemple ceux des veines épaisses, parce que ce sont les plus compliqués.

Supposons la galerie principale foncée assez profondément ; à 50 mètres, par exemple. Il s'agit maintenant d'attaquer un *ouvrage* avec prudence ; c'est-à-dire d'assurer, tout en cheminant, la solidité des travaux à faire.

Les cases noires et blanches d'un damier figureraient assez bien le plan des travaux, à la condition de faire communiquer par leurs angles toutes les cases blanches entre elles ; les cases blanches, ce sont les *ouvrages* ; les cases noires, ce sont les massifs, les piliers énormes qu'on laisse intacts. Les figures 2 et 4 montrent la disposition qu'on donne à la première case exploitée.

Le crabotage est la partie la plus pénible du travail. Dans notre exemple, il consiste à dégager, d'abord en *mangeant la pierre* avec le pic, puis en détachant des *nœuds*, un grand carré incliné, de 13 à 16 mètres de côté, sur une hauteur de 0ᵐ 60, seulement. Pour faire ce travail de taupe, les ouvriers ont leurs coudées franches.. à peu près comme un ramoneur, *exploitant* une cheminée un peu vaste.

L'ouvrage étant craboté, on se met à l'exploitation. Un ouvrage en exploitation présente un des profils suivants :

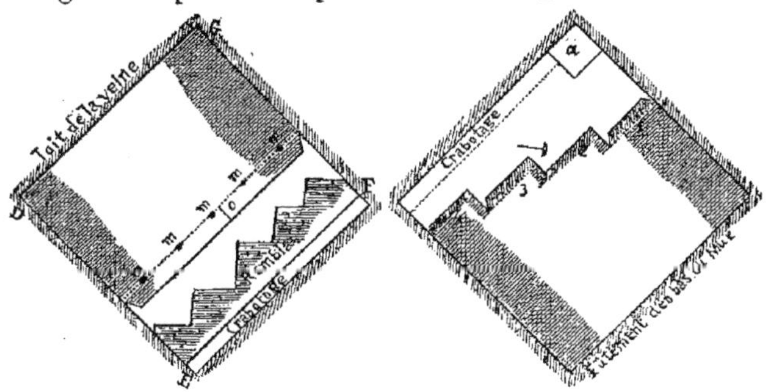

Fig. 6. — Profil d'un ouvrage en *rehaussant*.

Fig. 5. — Profil d'un ouvrage en abaissant.

Nous empruntons à un maître expérimenté, M. Moreaux, de Rimogne, des détails techniques et néanmoins curieux sur ce travail, les reportant en note, pour ne pas trop étendre notre récit (1). Mais nous ne résistons pas au plaisir de citer ici même le tableau suivant tracé par l'habile régisseur. Il s'agit d'un ouvrage en abaissant :

« Le levage d'une *longuesse* présente un coup-d'œil plein d'intérêt.

« Dix à douze hommes sont échelonnés à genoux sur l'arête supérieure. Chacun a son pic, ses coins, sa lourde masse. On a tracé la ligne de partage ; la pointe du pic y prépare un trou dans lequel on plante un coin. Quand il y est pris, qu'il y tient, toutes les masses se lèvent à la fois, et retombent ensemble sur la ligne de coins.

« Ce n'est d'abord qu'un bruit sec. Mais, quand après plusieurs volées, la pièce commence à se détacher du massif à force de coins, elle résonne de plus en plus ; bientôt les coups de masse semblent des décharges d'artillerie à courte distance ; c'est un bruit étourdissant, répercuté dans les ouvrages voisins.

« Mais pendant que vous suivez ces bordées retentissantes, une explosion épouvantable a fait trembler l'ardoisière ; c'est une mine qui vient de partir à quelques mètres : une détonation dont on ne pourrait se faire une idée sans l'entendre, et dont la commotion suffit à renverser un homme.

« Ce fracas épouvantable n'interrompt pas le mouvement de

---

(1) « L'ouvrage *crabolé* sera abaissé ou *rehaussé*, ou même exploité d'abord en abaissant, puis en rehaussant, suivant l'épaisseur de la veine.

En abaissant, l'exploitation se fait par *longuesses* de 2ᵐ à 5ᵐ 50 de longueur. On trace la première au moyen de tailles faites au pic sur les quatre faces et sur une profondeur de 0,25 à 0,30. Après quoi, on lève le banc. Mais comme la pièce ne présente aucun point d'attaque pour placer les coins, et aucun espace libre pour faire jouer la masse, on fait en tête des entailles appelées *manottes*, au fond desquelles on place les coins que la masse peut alors atteindre (v. fig. 4).

« On dégage ainsi, en trois ou quatre fois, le front de la 2ᵉ longuesse, dont l'exploitation n'offre plus la même difficulté. L'ouvrage en cours présente le profil de la figure 5.

« On continue ainsi jusqu'à ce que l'ouvrage soit complétement *fûté*.

« En rehaussant, les entailles se font seulement aux deux bouts (fig. 6) ; mais elles sont plus grandes, car il s'agit d'un morceau de 2ᵐ de large et d'un mètre d'épaisseur, sur 14ᵐ de long environ.

« Les tailles étant passées de la largeur qu'on veut donner au morceau, on prépare une suite de trous de mine *m*, *m*, *m*. Pour détacher le massif avec précaution, les mines sont à peine chargées, peu bourrées ; les ouvriers suivent avec attention la *refendure*, le *déjoint*. Le morceau suffisamment détaché, on charge fortement la mine *o* préparée à l'avance ; au coup de mine, il tombe sur le remblai.

« Un morceau tombé est toujours *arrosé* au jour par les ouvriers qui ne redescendent que le lendemain.

« Cette pratique a sa raison d'être, parce que ce moment de repos a été chèrement acheté, et surtout parce qu'il donne le temps aux parcelles de pierre mal détachées, de tomber. Pendant qu'on boit un coup, *la pierre s'égoutte*. »

l'ardoisière. Pendant qu'une brigade d'ouvriers dont le tour est venu de charger la pierre, passe silencieusement et lourdement chargée sur une ligne d'échelles, d'autres reviennent de la gare intérieure au travail, glissant comme des ombres, le long de l'autre ligne.

« La foule des humains qui s'épanouit au soleil, à 300 mètres de cet abîme, ne peut se former une idée de ce spectacle saisissant. »

Lorsque le peu d'épaisseur de la veine rend superflu le luxe de précautions nécessaire dans les couches épaisses, on ne trace pas les ouvrages par cases de damier, mais par galeries qu'on prolonge perpendiculairement à la première. Ces galeries sont séparées par des *nayes* ou cloisons épaisses. Quelquefois deux galeries jumelles ne sont séparées que par une ligne de gros piliers, dont l'intervalle même est exploité.

De quelque manière qu'on ait détaché le bloc; que, sous le nom de *longuesse*, il ait été levé avec le coin et la masse, ou qu'en rehaussant, on l'ait fait tomber à la mine ou avec le levier, il faut le débiter en *faix*, transportables à dos d'homme (v. fig. 1re, page 1re). C'est ce qu'on appelle le défaisage. La propriété qu'a la pierre ardoise de se laisser cliver en plusieurs sens, rend cette opération facile. Le grand point est de *querner* (diviser) la pierre *à profit*, de manière à laisser pour la suite le moins de déchet possible. C'est une science à part.

Que de sciences dont les oisifs ne se doutent pas !

Les outils de l'ouvrier ardoisier sont très-simples ; nous les avons réunis dans le trophée indiqué plus loin.

A La Richolle, on a essayé de substituer à la chandelle *au pied d'argile*, une lampe d'une forme particulière, mais dont l'usage n'a pas encore prévalu.

Il est merveilleux de voir comment avec si peu d'outils, l'ardoisier peut accomplir sa tâche. Aussi n'est pas *escaillon* qui veut. Il faut une aptitude spéciale, de la sagacité, de la force, et une adresse supérieure à la force. Il faut « être né là-dedans. » Nous sommes loin du temps où le travail des mines était un travail d'esclaves; où Tacite, voulant

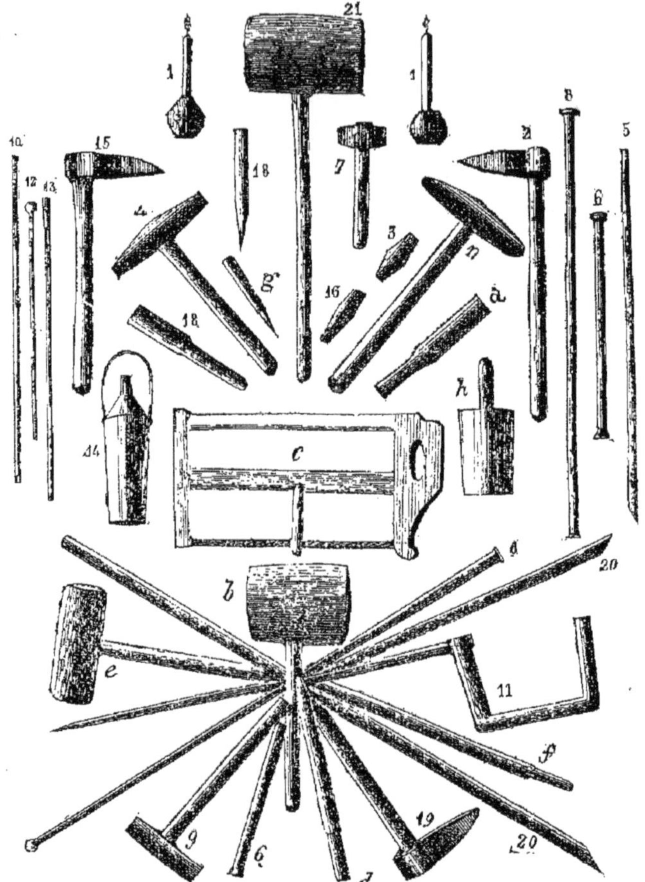

Fig. 7. — Trophée d'outils de l'ardoisier.

(Disposition de M. Ch. Blanchard, lithographe à Mézières).

LÉGENDE : — *Travail du fond* : — 1. Chandelles plantées dans leur boule d'argile. — 2, 15, 19. Pics divers. — 3, 16. Coins. — 4, 7, 9, 19. Masses pour battre la mine. — 5. Bec-d'âne à dresser (des craboteurs). — 6, 8. Barres ou aiguilles à mine. — 10. Récurette à mine. — 11. Foret à percer la mine. — 12. Epinglette. — 13. Bourroir. — 14. Boîte à poudre. — 18. Refendret. — 20. Levier. — 21. Maillet pour le défaisage. — *Travail du fabricant.* — a, d, f. Ciseaux divers. — b, e. Maillets. — c. Scie à querner. — g. Poinçon. — h. Rebattret.

donner la mesure de la dégradation d'un peuple, disait :
« Pour surcroît de honte, les Gothins exploitent les mines. »
En France le travail ne déshonore plus ; il ennoblit.

FABRICATION DE L'ARDOISE.

Fig. 8. — Fabrication de l'ardoise. — 2ᵉ Partie.
(Photographie de E. Jacoby, de Charleville.)

LÉGENDE : — A gauche, ouvrier *royant* la feuille au poinçon, suivant le nombre
d'ardoises qu'elle peut contenir, pour la casser ensuite sur l'arête du *becquillon*
de son banc. — A côté, un autre fait au *rebattret* la *face* (la base) de l'ardoise.
— A la suite, métier *Morceaux*, pour tailler les autres côtés de l'ardoise. Un levier
formant bascule porte à ses deux bouts une mâchoire d'acier (le sabot), qui s'abat
sur une matrice fixe. — Plus loin, ouvriers portant les ardoises ou les débris ; —
le vérificateur (à l'extrême droite) munit, une à une les ardoises fabriquées.

Lorsque les wagons ou les bennes ont amené le faix au
jour, c'est aux ouvriers de *baraque* de se partager la
pierre. Le défaiseur a marqué la classe de chaque morceau ;
la part de chacun doit être égale ; tous y veillent.

L'ardoise exige six opérations. Pour n'avoir pas à les décrire, nous les avons photographiées.

La figure 1re, page 1re, en représente une partie : le *quernage*, par lequel on divise le faix en *spartons* plus petits ; — *l'amoïnage*, ou le partage des spartons en éclats de 10 à 12 millimètres ; — le *fendage* de chaque éclat en deux autres, puis de chacun de ceux-ci en deux feuillets.

La figure ci-dessus (page 9) complète les opérations.

Cette seconde partie comprend aussi trois opérations : — On roye le feuillet au poinçon, et on le casse sur le becquillon ; — on dresse au rebattret la face de chaque ardoise ; — enfin, on la fait passer au métier.

On se servait de métiers à Rimogne avant 1842 ; mais ils n'étaient pas communs. Ecoutons M. Sauvage :

« M. Moreaux, régisseur de la *Grande Fosse*, a imaginé une machine fort simple pour tailler les ardoises. C'est une cisaille double à lames courbes qui présentent la forme de l'échantillon qu'on veut avoir. On coupe ainsi les lames de schiste avec une grande précision, sans les briser. Ce procédé n'est point encore devenu usuel. »

Comme ce métier était breveté, chacun a cherché à tirer

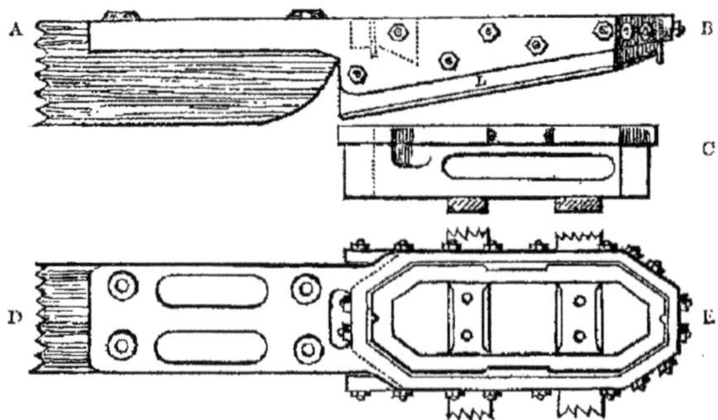

Fig. 9. — Mâchoires à tailler l'ardoise Fourgeau, d'un coup.
(Disposition de M. Sottiaux).

Légende : — A. Extrémité du levier, vu de profil. — B. Mâchoire porte-lames, mobile. — C. Matrice fixe en fonte. — DE, plan de cette matrice.
Nota : Le dessin laisse voir, au moyen d'un double filet, la forme de l'ardoise *Fourgeau* (v. p. 14) avec ses échancrures au milieu des principales faces.

à sa manière parti de l'idée qui était bonne. Aujourd'hui chaque fosse a son métier, plus ou moins dérivé du métier primitif, que M. Moreaux lui-même a modifié. C'était d'abord la main qui opérait le balancement du levier ; aujourd'hui c'est souvent une pédale ; les deux mains restent libres, pour poser et reprendre l'ardoise.

Nous reproduisons page 10, non la mâchoire du métier Moreaux (l'espace nous manque pour tout dire) ; mais une des dernières formes imaginées dans ce système.

On a cru trouver quelque inconvénient à rendre les ouvriers qui travaillent aux bouts du levier, solidaires l'un de l'autre ; on a donc imaginé de dédoubler le métier Moreaux. La moitié supprimée a été remplacée par un contre-poids, pour que le jeu de bascule fût reproduit. De là les diverses variétés du métier Debry.

De son côté, M. Sottiaux remarqua que ce système de bascule fait décrire à la mâchoire un petit arc de cercle ; il essaya d'y substituer un mouvement rectiligne, ce mouvement pouvant être donné par toute espèce de moteur. (Fig. 10).

Ce métier est le début de M. *Sottiaux* dans *la carrière*, en 1860, nous ne l'avons vu à l'œuvre sur aucune fosse.

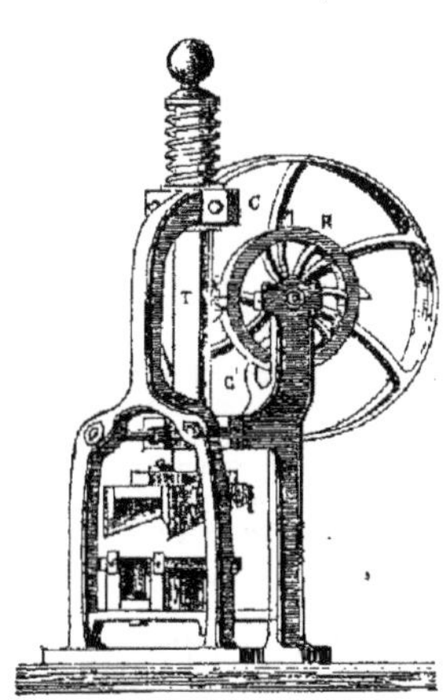

Fig. 10. — Métier SOTTIAUX, à mouvement rectiligne.

LÉGENDE : —. T Tige se mouvant de haut en bas dans les collets ou coussinets CC'. — Elle est terminée *au bas* par une mâchoire mobile pouvant s'appuyer contre une matrice fixe. Elle porte *au haut* un ressort à boudin qui la tient soulevée lorsqu'elle est au repos.

R. Roue à cammes, mise en mouvement par un moteur quelconque. Chaque camme appuie à son tour sur un arrêt de la tige, et force la mâchoire à descendre pour couper l'ardoise sur la matrice.

M. Sottiaux imagina plus tard un métier mu par une seule personne, quoiqu'à double effet. Ce métier consiste en une tige verticale montée sur un axe inférieur, à laquelle la main imprime par le haut de courtes oscillations alternatives. Cette tige porte deux mâchoires mobiles, placées dos à dos, que chaque oscillation pousse sur deux matrices fixes dressées devant elles. L'ardoise placée entre la mâchoire et sa matrice est taillée d'un coup, et glisse dehors par un mécanisme spécial. Ce métier est breveté.

En voici un autre du même inventeur. Les métiers ordinaires ne font qu'un modèle, celui-ci fait tous les modèles, notamment les grands modèles anglais. Nous le citons, pour réunir ici, autant que possible, les modèles qui diffèrent le plus entre eux.

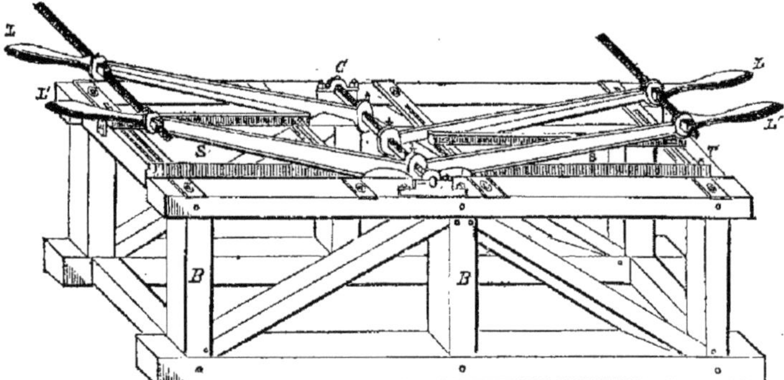

Fig. 11. — Métier à mâchoires variables, pour les modèles anglais.
(Dessin de M. Sottiaux, de la Richolla, inventeur).

LÉGENDE : — BB. Bâtis en bois. — CC. Paliers ou coussinets dans lesquels articule un axe carré gradué, portant trois leviers. — LL. Deux leviers simples placés sur l'axe central, et armés de lames d'acier. — L' L'. Levier double, porté sur le même axe et armé de même. — SS. Supports-matrices pour recevoir l'ardoise.

Nota : Le levier double est à demeure. Les deux autres peuvent glisser à volonté sur l'axe gradué auquel ils sont fixés par des vis de pression. On les écarte ou on les rapproche du levier fixe suivant la grandeur du modèle.

Le jeu de l'appareil est simple : on règle l'espacement des leviers mobiles sur l'axe gradué ; le levier de gauche d'après la longueur, et le levier de droite suivant la largeur de l'ardoise à faire ; puis on fait affleurer les supports. On présente ensuite la feuille d'ardoise successivement aux compartiments de gauche et de droite.

Tandis que Deville et Monthermé ont, comme Rimogne, leurs machines spéciales pour tailler l'ardoise, Haybes et Fumay continuent de tailler à la main. Pourquoi ? — Est-ce à cause de la nature de l'ardoise qui serait trop dure et presque sans fil ? C'est peu croyable ; la difficulté ne serait pas invincible. — Est-ce parce que les ouvriers y répugnent, de peur de voir tarir une source de travail ? Cette crainte se retrouve dans l'histoire de tous les progrès.

Si nous osions hasarder une conjecture, nous serions disposés à admettre que les métiers n'ont pas donné ce qu'on semblait s'en promettre. Ils font plus vite, taillent plus net ; c'est incontestable. Mais la taille à la main nécessitait l'emploi de nombreux enfants qu'on ne payait pas cher ; puis en devenant hommes ils restaient *escaillons*. Aujourd'hui beaucoup d'enfants n'y trouvent plus d'ouvrage ; ils se tournent vers d'autres industries ; ils y restent ; et les bras manquent sur les fosses, aussi bien pour le travail *du fond* que pour le travail *du jour*.

EMPLOI DES ARDOISES.

Quelque ardoise que vous choisissiez, faites en sorte qu'elle soit d'une épaisseur convenable ($2\ 1/2\ ^{mm}$). Trop mince elle ne résiste pas toujours aux chocs et aux vents ; trop épaisse elle surcharge les charpentes et les murs.

Avez-vous le choix de la dimension ? c'est à l'ardoise moyenne, que vous donnerez la préférence. La petite est peut-être de meilleur emploi pour le propriétaire ; mais elle exige du couvreur plus de main-d'œuvre.

L'ardoise se prête à toutes les pentes de toit. On pousse aujourd'hui jusqu'à l'exagération la manie des toits presque plats ; mais n'oublions pas que nous vivons dans des pays où la neige tombe en abondance et séjourne longtemps. Le toit doit offrir une pente telle, qu'elle en glisse aisément, ou se fonde vite.

La commission ministérielle de 1831 indique comme normale une inclinaison de 45°. Elle considère cette pente comme particulièrement favorable à l'égouttage des toits et à leur conservation. Ajoutons que l'assemblage du faîte présente alors un angle droit, très-favorable à la solidité de la charpente.

Reproduisons, sur une disposition particulière des toits, une observation judicieuse de M. Détain :

« Dans les Ardennes, dit-il, on donne un peu de creux aux toitures en ardoises, environ 0,01^c par mètre; ce qui permet de faire bien pincer chaque ardoise sur celle qu'elle recouvre, de manière à éviter tout baillement donnant prise au vent... On obtient ce creux, en tendant, de la sablière au faîtage, un cordeau qu'on laisse fléchir de la quantité nécessaire, et en réglant les pannes et les chevrons suivant la courbe obtenue.

Les ardoises sont posées jointives, par rangs horizontaux, alignées au cordeau et en liaison. Elles se fixent sur la volige au moyen de deux, quelquefois de trois clous; le *purcau* (la partie restée visible) est ordinairement du tiers de la hauteur totale. (1)

Quelquefois les ardoises se posent sans clous, au moyen d'un crochet imaginé par *Fourgeau* et que la Richolle exploite actuellement seule dans les Ardennes. On trouve, figure 9, p. 10, au nota de la légende, la forme de cette ardoise.

Ce système est imaginé pour les charpentes en fer, indispensables dans beaucoup d'usines, dans lesquelles un lattis de fer remplace les voliges sujettes à pourrir. Supposons deux ardoises juxtaposées : leur coupe latérale laisse entr'elles une petite échancrure oblongue, par laquelle passe un

---

(1) On doit le réduire si le toit a peu de pente, et s'il est très-exposé au vent. — Les couvreurs ardennais font *tenir les ardoises de quatre*, c'est-à-dire que le 4e rang recouvre le premier de 15 à 20^{mm}. Souvent même la *démélée*, qui a 0,30 de longueur, est attachée *au pureau de* 0,09, ce qui fait que le 4e rang recouvre de 3^{cm}, et que la toiture présente une grande solidité.

crochet double, dont un bout se fixe à la latte de fer. L'autre bout agrafe l'ardoise en se logeant dans une autre petite échancrure inférieure (*V.* la fig.). Ce système présente une pose très-facile et ne donne pas de déchet.

Quel que soit le mode adopté, l'ardoise est la meilleure des couvertures, parce que c'est la couverture la plus légère et la plus durable, celle qui permet d'employer la charpente la plus légère.

L'ardoise est employée à beaucoup d'usages moins importants. On en fait des marches, des pavés d'appartements; des tables de billards, des tableaux à écrire, et des crayons pour ces tableaux.

Dans l'embranchement qui reliera les ardoisières de la société anonyme au chemin de fer d'Hirson, les traverses en bois seront remplacées par des morceaux d'ardoise sur lesquels reposeront les patins du rail vignole. C'est une application nouvelle qu'il sera curieux d'étudier.

QUALITÉS DE L'ARDOISE.

L'ardoise doit son mérite à son imperméabilité, à sa dureté et à sa propriété de se fendre en feuillets minces.

La meilleure ardoise est d'un grain plus ou moins fin, égal ; elle est sonore, elle n'augmente guère de poids lorsqu'on la laisse séjourner dans l'eau. Si avec cela elle est flexible de manière à céder sous le clou trop enfoncé, si le couvreur y fait le trou du clou sans la briser, l'ardoise ne laisse rien à désirer. Reste la nuance; affaire de goût.

Il est difficile que la même ardoise réunisse toutes les qualités : l'une est plus belle, l'autre est plus dure, celle-ci plus souple, celle-là plus imperméable. La plus parfaite est tellement inattaquable, qu'elle passe des siècles sans se laisser entamer par la mousse.

Les exploitants de tous les pays vantent leurs produits ; ce n'est pas à eux qu'il faut s'adresser pour être édifié sur le mérite de ces produits. Nous chercherons ailleurs.

Nous trouvons d'abord un ingénieur recommandable entre tous, M. Blavier. Nous avons une extrême déférence pour le corps éminent de nos ingénieurs des mines, parmi lesquels on trouverait difficilement un homme médiocre. Mais le respect a ses bornes.

Citons l'essai sur *l'Industrie ardoisière d'Angers* :

« J'ai entre les mains plusieurs notes publiées par les principales sociétés ardoisières des Ardennes ou d'Angers, dans lesquelles chacune d'elles revendique pour ses produits une supériorité de valeur, comme durée, que je ne puis considérer comme justifiée par aucune. Il résulte de mes recherches, qu'à ce point de vue, les différents schistes tégulaires ont une valeur égale, parce qu'aucun d'eux ne se décompose d'une façon appréciable sur les combles, et que la destruction des toitures couvertes en ardoises est le fait d'une action purement mécanique, et nullement physique ou chimique ; à la condition toutefois que les produits livrés au commerce proviennent d'exploitations ayant déjà atteint une certaine profondeur, et dépassé la limite d'ailleurs restreinte des affleurements de veines, sur lesquelles l'action de l'air et de l'eau, pendant la série des périodes géologiques, a laissé des traces évidentes d'altération. »

Où l'amour de la concorde ne peut-il pas conduire un homme de mérite ? Voici maintenant que toutes les ardoises se valent !... Ainsi, Messieurs les ardoisiers, Messieurs les architectes, Messieurs les entrepreneurs, Messieurs les propriétaires qui faites bâtir, ne perdez pas le temps en discussions... toutes les ardoises ont une valeur égale.

Oui, égale... à peu près comme les autres pierres, qui ont le même grain ; — comme toutes les craies, qui ont la même consistance ; — comme tous les marbres, qui prennent le même poli ; — comme toutes les briques, qui sont également réfractaires. C'est comme en politique !...

Mais M. Blavier a-t-il donc laissé passer, de gaîté de cœur, une énormité, parmi tant d'excellents écrits que la science lui doit ? Pas du tout. Il a fait son petit sacrifice à la paix ; mais il n'est optimiste qu'à l'épiderme ; il corrige lui-même son avis par un bout de phrase que les ardoisiers d'Angers ne citeront pas volontiers, peut-être ; mais qui nous semble équivaloir à ceci : Les ardoises se valent... quand elles se valent. Nous nous en doutions déjà. Ainsi, d'après le savant ingénieur, les ardoises qui n'ont pas atteint une certaine profondeur seraient moins bonnes ; — celles sur lesquelles l'action de l'air et de l'eau pendant la série des périodes géologiques a laissé des traces d'altération, pourraient être moins durables.

Nos ardoisiers n'en demandent pas davantage pour établir leur supériorité. Presque toutes les ardoisières de l'Anjou s'exploitent encore à ciel ouvert ; donc elles ne sont pas très-profondes ; — elles appartiennent aux dernières formations de la période ; donc elles ont pu être altérées. Les ardoisières des Ardennes, au contraire, appartiennent aux plus anciennes formations, c'est incontesté ; — toutes, sans exception, sont exploitées à des profondeurs qui varient aujourd'hui de 150 à 300 mètres.

Nous sommes donc d'accord, au fond, avec M. Blavier.

Nous ne disons pas que les savants se valent ; mais voici ce qu'un autre savant, M. Renier, dit dans l'*Encyclopédie moderne* :

« Les couches qui appartiennent aux terrains primitifs ne portent aucune trace de corps organisés ; elles affectent toujours une grande inclinaison... celles de formation plus récente renferment souvent des plantes.. elles sont presque toujours horizontales.

« Les principales ardoisières sont celles de... mais ce sont celles des Ardennes qui donnent les meilleurs produits.. viennent ensuite les ardoises des départements de la Manche, du Finistère et de l'Isère ; et enfin, *en dernier lieu*, celles que l'on extrait dans le département de Maine-et-Loire, aux environs d'Angers. La durée de ces dernières, les plus mauvaises de toutes celles que l'on fabrique en France, atteint à peine vingt ans ; elles sont cassantes, absorbent facilement l'humidité, et se décomposent à l'air ; ce qu'il faut attribuer à leur origine plus récente, attestée par les impressions de fossiles qu'on y voit en grand nombre. »

Nous n'allons pas si loin que le savant bibliothécaire de

2

l'Université ; nous disons que les ardoises d'Angers sont très-bonnes ; mais que les ardoises des Ardennes sont meilleures.

Citons encore une autorité. M. l'Ingénieur Détain, dans la *Revue générale de l'Architecture*, s'exprime ainsi :

« Il est bien constaté que les ardoises des Ardennes offrent plus de résistance à la décomposition que les ardoises d'Anjou. On leur attribue, pour une épaisseur de 2 1/2 ᵐᵐ. une durée de 80 à 100 ans, au moins. Quand après 25 ans d'usage, l'ardoise d'Angers sous la même épaisseur, et placée dans les mêmes conditions que celle des Ardennes, commence à tomber en poussière, cette dernière paraît neuve encore ; ce qu'attestent les toitures du pays. »

Nous n'ignorons pas qu'il y a 40 ans, l'ardoise d'Anjou paraissait seule sur le marché de Paris. Elle avait alors, bien entendu, la prééminence. Mais à cette époque, les carrières de ce pays étaient reliées à la Capitale par une grande voie navigable ; avantage précieux pour une marchandise encombrante ; avantage que nos ardoisières n'avaient pas.

L'ouverture du canal des Ardennes a modifié quelque peu ces conditions. Toutefois les vieilles habitudes sont difficiles à détruire. Les ardoises d'Angers étaient les seules connues dans le centre. Et puis les échantillons n'étaient pas les mêmes ; la taille de l'ardoise est chose grave ; c'est une science que de *querner le faix*, c'est-à-dire de partager les blocs, de la manière la plus profitable ; chaque pays avait ses habitudes fondées sur une longue expérience. Il était d'ailleurs difficile aux architectes d'admettre de nouveaux échantillons, sans savoir si ces expéditions *d'ardoisières inconnues* se continueraient.

L'ardoise d'Anjou est de couleur foncée, son grain est fin ; elle a quelque chose de doux, de soyeux au toucher. Ce n'est pas qu'on ne puisse trouver ces qualités dans nos ardoises ; Rimogne a des bancs d'une belle couleur bleue ; les ardoises violettes de Fumay ne le cèdent pas à d'autres pour la beauté ; mais la beauté n'est pas tout dans une ardoise. Aussi verrez-vous des sociétés ardoisières qui ont le choix, préférer l'ardoise grenue, plus grise et moins coquette. Il y a des veines où la dureté est poussée à un si haut point, qu'elle devient un défaut. L'ardoise est dure à la manière du verre ; il est difficile au couvreur de la piquer pour faire la place du clou sans qu'elle éclate. Demandez aux ardoisiers de Deville pourquoi la même société, propriétaire de plusieurs fosses, préfère les *petits ternes* aux *grands ternes;* la réponse ne se fera pas attendre, et vous les verrez sourire finement sous leur grosse écorce, quand vous leur direz que « les différents schistes tégulaires ont une valeur égale. » Ils riraient tout-à-fait, s'ils comprenaient bien l'expression savante de *schiste tégulaire* qui les intimide un peu.

La bonté de nos ardoises est constatée depuis longtemps.

En 1831, sur la demande du préfet des Ardennes, le Ministre du Commerce nomma une commission, pour constater par des expériences, les qualités des ardoises des Ardennes, comparativement à celles de l'Anjou. D'après cette commission,

« La durée de la couverture des maisons et des édifices publics existant dans le département des Ardennes est due à la fois à la bonne qualité des ardoises, à leurs petites dimensions, à leur épaisseur, à l'inclinaison des pans, et à la petite étendue des pureaux..... En comparant les ardoises des Ardennes à celles de l'Anjou, on sera porté à croire que celles de Rimogne, qui leur ressemblent le plus, sont plus homogènes, que leur durée... est au moins égale, si elle n'est pas supérieure. »

Ce rapport engagea le Ministre à *ordonner* l'emploi des ardoises des Ardennes, concuremment avec celles d'Angers (1).

On peut objecter qu'aux expositions de 1844 et 1855, Angers a obtenu les premières médailles ; les Ardennes ne

____

(1) Le rapport cite des exemples, entre autres ceux-ci :

Dans les bâtiments dits du *Sépulcre,* recouverts en 1810, on a employé en partieles vieilles ardoises placées en 1702. Il y avait, ajoute-t-on, des combles dont la viennent qu'en seconde ligne. Mais le jury prend soin d'indiquer et de limiter la portée de cette préférence :

« Il convenait moins de récompenser les ardoisières dont les produits étaient de la meilleure qualité, que celles dans lesquelles la direction réalisait le plus de progrès. La bonne qualité des ardoises est en effet un avantage naturel qui est très-grand sans doute, mais qui est tout-à-fait indépendant du mérite de l'exploitation. »

construction remontait à l'origine de la ville, en 1606. — L'église de Rumigny couverte en 1687 n'avait été restaurée de mémoire d'homme.

On nous communique un document moins connu ; c'est un procès-verbal, destiné par les auteurs à établir la durée presque illimitée des ardoises de Rimogne.

« L'an 1855, le 22 juillet ;

« Par devant nous J.-N. Véron, maire de Tarzy,

« S'est présenté le sieur Moreaux, régisseur... lequel nous a mis sous les yeux le rapport fait en 1831..... (C'est le rapport cité plus haut).

« Un passage de ce rapport mentionne que l'église d'Harcy couverte avec des ardoises de Rimogne en 1672 avait été réparée complètement en 1823 ; et le sieur Moreaux nous a alors informé qu'ayant appris que l'entrepreneur de cette église (le sieur Véron Pierre) avait fait ramener des ardoises à Tarzy pour les employer à la couverture d'un bâtiment, il venait s'assurer du fait, et constater l'état de cette couverture.

« A ce faire, sont intervenus :

« 1° Le sieur Véron Frédéric... lequel a déclaré que le bâtiment construit à l'époque indiquée, par son oncle Pierre Véron, dont il est l'héritier avec M. Véron maire, était situé rue du Bois, et en nature de grange ; que lui-même l'avait vu construire et couvrir avec les vieilles ardoises de l'église d'Harcy.

« 2° Les sieurs Charlier Pierre-Louis et Charlier Auguste, laboureurs... lesquels ont déclaré et affirmé qu'ayant été chargés de conduire à Harcy des voliges destinées à la couverture de l'église, ils en avaient ramené les vieilles ardoises, par ordre et pour le compte de l'entrepreneur ; et que c'étaient bien celles employées à la couverture du bâtiment sus-rappelé.

« 3° Les sieurs Delécluse Fanfan et Delécluse Louis, couvreurs à Signy-le-Petit, qui sont venus nous rappeler que c'étaient eux qui avaient fait l'emploi de ces vieilles ardoises ; et que même, l'un d'eux, Louis, était tombé en bas du toit. (*Nous recommandons ce moyen original de fixer les souvenirs*).

« Ce fait de l'emploi des vieilles ardoises de l'église d'Harcy *qui ont aujourd'hui une durée de 183 ans*, étant ainsi constaté et confirmé, le sieur Moreaux nous a prié d'aller avec lui reconnaître l'état de la couverture.

« Les personnes ci-dessus désignées s'étant rendues sur les lieux, la couverture a été reconnue en bon état ; pas une ardoise n'y manque ; et les propriétaires déclarent et affirment qu'il n'y a été fait aucune réparation depuis la construction du bâtiment, ce qu'il est du reste facile de reconnaître. Ces vieilles ardoises sont encore luisantes au soleil, et tout le monde est d'avis qu'elles dureront encore au moins un siècle.

« Fait et arrêté à Tarzy, les jour, mois et an que dessus, et délivré au sieur *Moreaux*, pour servir et valoir ce que de raison. »

Suivent les signatures, et la légalisation par le sous-préfet, M. FANJOUX.

Nous avons entre les mains un rapport sur un essai comparatif fait à Rimogne entre des ardoises du pays et des ardoises d'Anjou, au triple point de vue de la perméabilité, de la résistance à la rupture et de la résistance à l'action des acides.

Cet essai confirmerait ce qui précède. Nous ne le citerons pas, cependant ; parce que n'ayant pas été fait officiellement ou contradictoirement, il n'aurait pas une autorité suffisante.

Il est donc entendu que le jury n'admet pas que toutes
les ardoises se valent. La bonne qualité des ardoises est un
avantage très-grand à ses yeux ; mais un avantage qu'il
ne croit pas devoir récompenser.

Fig. 12. — Vue de Rimogne, prise de l'angle de la *Grande-Fosse* sur la route de Flandre.
(Photographie de E. Jacoby, de Charleville).

GROUPE DE RIMOGNE ET HARCY.

Histoire du Groupe.

Rimogne est un des plus jolis bourgs de la route
impériale de Flandre en Allemagne, à 18 kilomètres ouest
de Charleville-Mézières. Sa population touche à 2000 ha-
bitants. Elle a, dans ses principaux quartiers, un air
d'aisance qui fait plaisir à voir.

Harcy n'a pas une apparence aussi coquette. Le village

se tient modestement à l'écart de la route impériale, laissant Rimogne étaler ses ardoises bleues sur le flanc du coteau. Mais ce qui nous en intéresse, ce sont ses bois, témoins de l'ouverture d'une dizaine de fosses, dont trois seülement sont exploitées aujourd'hui. Ces dernières se rapprochent tellement de Rimogne, qu'au point de vue de l'industrie ardoisière, Rimogne et Harcy ne font qu'un.

Rimogne existait en 1020. C'était alors une annexe des importantes seigneuries du Châtelet et de Montcornet. Il a bien grandi depuis. Son industrie n'a pourtant pas été trop favorisée par les circonstances : les moyens de transports lui ont longtemps manqué ; elle semblait condamnée à une sorte d'infériorité fatale. Tandis que les carrières de l'Anjou avaient un grand fleuve et des canaux pour faire pénétrer leurs produits au cœur de la France ; — le même grand fleuve encore et la mer pour les disséminer sur toutes les côtes ; celles de Rimogne n'avaient à leur service qu'un roulage dispendieux sur de mauvais chemins. Les autres gîtes Ardennais eux-mêmes avaient fini par obtenir une rivière à peu près navigable, un canal à peu près complet, une voie de fer à peu près commode... et Rimogne n'avait rien.

Ses ardoisières vivent cependant ; tant les ressources en sont puissantes... La création de l'embranchement ferré d'Hirson va leur permettre enfin d'entrer en lice avec des armes plus égales. La voie passe entre toutes les fosses du groupe.

Les exploitations du pays n'ont pas été favorisées davantage sous le rapport des légendes. Pas de saint homme ici, comme en Anjou, pour faire remonter leur origine au VIe siècle, à l'abri d'un nom vénéré. Nous ne possédons pas de documents antérieurs à 1206.

La charte plus explicite de cette époque est de 1230 ; elle est en latin. En voici un extrait mis en français :

« A tous ceux, etc..... Nous Hugues, et Gilles mon fils aîné, chevaliers, seigneurs de Montcornet et du Châtelet, salut en N. S.

« Que tous sachent que... nous avons donné et concédé à l'Eglise de Signy, en perpétuelle aumône, toutes les facilités pour faire et prendre des escailles autant qu'elle voudra et partout où elle en pourra trouver, à Rimogne et sur nos terres de Montcornet et du Châtelet, avec tout le nécessaire pour confectionner l'escaille.

« A la condition cependant, qu'on ne pourra travailler que dans une escaillère à la fois; en revendiquant seulement pour nous et nos héritiers, qu'en raison de cette concession, l'Eglise susnommée sera tenue de payer pour chaque mille d'escailles, six deniers en monnaie de Paris....

« Quant à l'ancienne escaillère, *antiquam scallariam*, sise entre Rimogne et le Châtelet, que l'Eglise de Signy avait *franche* avant cette concession, elle n'est en rien soumise à cette condition et reste dans sa franchise. »

(*Cartulaire de l'abbaye de Signy.* — Archives des Ardennes).

Il suit de là qu'à cette époque, l'abbaye de Signy possédait de temps immémorial une ardoisière située dans le voisinage du Châtelet.

Les titres semblables sont nombreux au XIIIe siècle. Quelques *escaillères* se trouvent entre les mains des particuliers; mais la plupart sont concédées aux abbayes de Signy, Foigny et Bonnefontaine (1)

Le lecteur n'oubliera pas que ce siècle est le siècle de saint Louis et des croisades. A défaut d'autres richesses, on avait rapporté de l'Orient le goût des arts; les moines auxquels les seigneurs, en se croisant, avaient cédé la

______

(1) Voici l'indication de quelques-uns de ces titres :

Vers 1230, Hugues de Montcornet concède à l'abbaye de Foigny une escaillère ayant cent pieds de large. Dans le cas où il ne s'en trouverait pas une semblable dans ses terres, il lui en procurera une de 60 pieds. — Il y ajoute une terre contiguë, où sont des *débris d'escailles*.

En 1247, Nicolas, seigneur de Rimogne approuve les dons faits à l'Eglise de Foigny, par Herbert, de neuf pieds et demi de carrière connue sous le nom de *l'escaillère*, sise entre la carrière de Bonnefontaine, et celle des héritiers Warin, etc.

En 1264, Gérard, escuyer, sire du Chastelet, reconnaît les droits de l'Eglise de Signy sur la moitié d'une escaillère, située entre Rimogne et le Chastelet, joignant sa bergerie.

La même année, il *fas* savoir qu'il a *ottroiet et ottroie patrement et absolument* à l'Eglise de Foigny et à l'Eglise de Bonnefontaine, *cent pieds quarret de perrière pour faire escaille.*

En 1266, même *ottroi* à l'Eglise de Signy d'un quart de *l'escaillère ki het entre le escaillère de Signi et Bonnefontaine.... et à us et coutumes de la ville de Rimogne.* Il veut que ces choses soient fermes et stables; et pour cela, dit-il, *j'en oblige mi et mes hoers à tenir fortement et a tosjours.*

meilleure part de leurs biens-fonds, possédaient seuls la richesse et le savoir : eux seuls étaient capables de grandes choses. Aussi est-ce à eux que nous devons les plus beaux monuments du plus beau siècle de l'art gothique.

L'abbaye de Foigny (Aisne) est en dehors des limites que nous nous sommes fixées ; — celle de Signy n'a pas laissé pour ainsi dire de traces matérielles ; mais les ruines encore imposantes de Bonnefontaine, près Rumigny, attestent l'importance des constructions de cette abbaye. On ne s'étonne pas de voir ces religieux s'assurer la jouissance de grandes escaillères pour couvrir de semblables monuments.

Au XVIe siècle nous retrouvons les religieux de Foigny vendant leur domaine de Rimogne pour se créer des ressources contre les hérétiques.

Ceux de Bonnefontaine ne suivirent pas cet exemple ; car il existe tout au commencement du XVIIIe siècle une transaction entre eux et les seigneurs de Rimogne et du Châtelet, pour fixer leurs limites respectives.

Puis, on voit ces derniers concéder au président de la cour souveraine de Charleville, J.-B. Collard, le droit « d'*ouvrir* seul et fouiller la terre dans toute l'étendue « desdites terres et seigneuries ; d'en tirer pierres et d'en « faire ardoises telles qu'il jugera à propos, à charge de « rendre la 10e ardoise taillée. »

Vers la même époque, le président Collard devenait aussi fermier des ardoisières des moines de Bonnefontaine ; moins peut-être pour en tirer parti, que pour *empêcher toute concurrence*, ainsi que s'en plaignirent les religieux au révérendissime abbé de Clairvaux, en 1767.

Cette année-là, l'héritier du président Collard, J.-P. Collard, seigneur de Boutancourt, le Chesnois et autres lieux, renonçait au bail, qui était repris pour 99 ans, par Chatelain, Manisse et Gauthier. Les essais de ceux-ci ne furent pas heureux ; car ils les cessèrent vers 1786.

C'est dans le même temps qu'apparaît pour la première fois le nom d'un membre de la famille Rousseau qui a joué depuis un rôle important dans les ardoisières du pays. Vers 1775, Jean-Louis Rousseau, directeur des mines de Fresnes-sur-Escaut, ouvrait à Rimogne la Fosse-Aubry, sans succès; puis il louait à J.-P. Collard les *ardoisières des seigneurs*; notamment la Grande-Fosse ou Grand-Rimogne.

L'eau était déjà pour les fosses un ennemi redoutable; les frais d'épuisement absorbaient les bénéfices. L'exploitant prend un parti énergique; il fait foncer un puits et y installe la première pompe mue par une roue hydraulique. Quelques années après, on constatait à la Grande-Fosse l'existence de quatre roues semblables.

Les ardoisières prenaient à cette époque une extension considérable (1). Collard de Boutancourt et Pillon se font

(1) Voici l'indication des principales recherches faites depuis un siècle, en dehors des ardoisières *des seigneurs* et les ardoisières *des moines* :

1775. — La fosse Aubry ; — première recherche de Rousseau de Fresnes.
1780. — La fosse St-Quentin — ouverte par Pillon ; aujourd'hui propriété de la société anonyme.
1783. — La fosse Sandras — ouverte par Sandras ; acquise par Raux ; transmise par héritage à M. Barrachin ; et cédée en 1818 à la famille Rousseau.
1784. — La fosse Desbrulis — ouverte par Desbrulis ; acquise par Raux, etc.
1784. — La Fosse-aux-Bois — ouverte par Pillon ; acquise par Raux, etc.
1792. — La fosse Garlache. — Abandonnée en 1793 ; reprise en 1842 par MM. Benoît, Chevreul et autres. Elle a été rétrocédée à M. Morin. La commune d'Harcy est propriétaire du sol.
1792. — La fosse Alexis. — Abandonnée en 1793 ; reprise en 1852 par M. Cochart ; rétrocédée à M. l'Ingénieur Henry. La société anonyme est propriétaire du sol par suite du partage des bois des 32 communes, en 1861.
1809. — La fosse St-Louis — ouverte par Raux, à l'est de St-Quentin et dans la même veine. Elle appartient à la société anonyme comme les autres ardoisières de Raux. (V. plus haut la fosse Sandras.)
1825. — La fosse Risque-Tout, sur le Noir-Ruisseau (bois d'Harcy). Concédée à MM. Bonna, Lairé et autres, elle fut exploitée pendant 8 ans, jusqu'à 120 m. — Eloignement du village ; peu d'ouvriers ; mauvais chemins.
1835. — La fosse Truffy ; — à la société Truffy et Pierka. Fermée en 1848.
1836.   La fosse Pierka (nouvelle). — Ouverte par Tanton.
1836. — Le trou Péraux. — Exploitée jadis à ciel ouvert. Loin des habitations et des bons chemins, elle est difficile à exploiter.
1839. — La fosse Messire-Jacques sur le ruisseau du même nom. — Ouverte par M. Lallement ; rétrocédée à M. Pernelet et abandonnée.
1847. — La fosse de La Richolle. — En exploitation.

Nous en omettons plusieurs : la fosse *Meydieu*, dans le sud de Rimogne, tentative infructueuse, ainsi que la fosse *Mismaque*, dans le nord. — Nous parlons plus loin des recherches nouvelles de la société anonyme à Ste-Barbe, de la société Truffy et Pierka sur le Châtelet, et de La Rocaille.

faire par arrêt du conseil du Roi, en 1787, une concession trentenaire de 1500 toises au nord de la Grande-Fosse, et autant au midi de là fosse St-Quentin. La délimitation des droits des deux ardoisières ne fut faite qu'en 1811, par M. Bouesnel, ingénieur des mines.

Collard de Boutancourt ne vit pas la fin de sa concession. Dès l'an III, il avait cédé tous ses droits à la famille Rousseau, non-seulement sur la Grande-Fosse, mais encore sur ses ardoisières de Deville et Monthermé, notamment de St-Louis-sur-Meuse.

Nous traversons ici la première révolution française ; et nous arrivons au régime nouveau inauguré, comme nous l'avons dit, par la loi de 1810.

Depuis cent ans, quinze ou dix-huit fosses ont été ouvertes ; elles sont aujourd'hui abandonnées ou placées aux mains des cinq compagnies suivantes :

La société anonyme des ardoisières de Rimogne et St-Louis-sur-Meuse ; — la société Truffy et Pierka ; — la société de La Richolle ; — la société de la Fosse-aux-Bois ; — la société de La Rocaille.

Nous dirons un mot de chacune d'elles.

Etat actuel des Ardoisières du Groupe.

I. Société anonyme des Ardoisières de Rimogne et St-Louis-sur-Meuse. — M. Br. à l'Exp. de 1839. — M. Arg. à l'Exp. de 1844. — M. 2ᵉ cl. à l'Exp. de 1855.

Cette Société est la plus ancienne du groupe; c'est aussi celle dont les développements sont les plus considérables. Elle représente les droits de la famille Rousseau, qui a recueilli successivement des anciens propriétaires, les fosses ouvertes ou exploitées par Collard de Boutancourt, Pillon, Sandras, Desbrulis, etc. (*V. le chap. précéd.*). Par suite du partage des bois indivis des 32 communes de l'ancien

Fig. 18. — Vue de l'usine et des baraques de la fosse *St-Quentin*, appartenant à la Société anonyme des Ardoisières de Rimogne et St-Louis-s-Meuse.

(Photogr. de E. Jacoby, de Charleville).

marquisat de Montcornet, elle est devenue en outre propriétaire du sol de la Richolle et de la Fosse-aux-Bois qui lui paient redevance, et de la fosse Alexis, exploitée en dernier lieu par M. Henry.

En 1817, la famille Rousseau exploitait seule à Rimogne. Huit ans plus tard elle constituait une Société qui prenait bientôt la forme anonyme, sous laquelle elle exploite aujourd'hui (*O. R. du 14 oct.* 1831.)

C'est en 1835 seulement que des exploitations rivales s'établirent. On se souvient encore de la fièvre industrielle qui s'était emparée de toute la France à cette époque; elle avait pénétré jusque dans les Ardennes. Il y eut une *éruption* d'adoisières dans le département; mais quatre seulement se sont maintenues à Rimogne.

La Société anonyme n'exploite réellement en ce moment par elle-même que la Grande-Fosse et la fosse St-Quentin.

Les travaux de la Grande Fosse étaient parvenus à une telle profondeur dès 1826, qu'on sentit le besoin de foncer un nouveau puits vertical de 170 mètres, pour créer tout à la fois un nouveau système d'épuisement et un nouveau système de *remontage* de la pierre.

Un manège à chevaux servit pour ce dernier objet. Quant au service d'épuisement, il était fait par deux jeux de quatre pompes aspirantes et foulantes, mises en mouvement, l'un par une roue hydraulique, l'autre par une machine à vapeur.

Depuis lors, des pompes obliques ont été établies dans une galerie d'exploitation, pour monter jusqu'à la base du puits, les eaux que leur amène du fond des travaux une filée de huit pompes à bras. C'est dans le même puisard central qu'arrivent par de simples trous de tarières, les eaux du haut, recueillies dans des réservoirs immenses qui ont été pratiqués dans des travaux anciens.

Ce système énergique est complété par une galerie

d'écoulement d'un kilomètre et demi de long, qui reçoit, à 50 m. au-dessous du sol, les eaux des pompes de toutes les fosses. Cette galerie commencée par Collard et abandonnée en 1779, a été reprise vers 1817 après l'acquisition des ardoisières de Raux ; elle n'a été terminée que depuis peu d'années, sous la direction de M. Moreaux, régisseur de cette immense exploitation.

Un embranchement de la même galerie sera bientôt dirigé sur Ste-Barbe, si les recherches qu'on y fait, révèlent, ainsi qu'on l'espère, la présence du schiste exploitable.

Nous ne reviendrons pas sur la description des travaux intérieurs d'une ardoisière. Disons seulement que par suite de l'inclinaison de la veine à la Grande-Fosse (45°) les travaux ont atteint une profondeur de 300 mètres ; que le contournement de la veine les éloigne de plus en plus du puits d'extraction ; et qu'on prévoit déjà la nécessité d'une installation nouvelle dont on s'occupe activement (1).

A la fosse St-Quentin, comme à la Grande-Fosse, l'épuisement se fait au moyen d'une roue hydraulique de 8 m. de chute et de 2 m. de largeur. Elle est placée à un demi-kilomètre du puits ; le mouvement est transmis aux pompes au moyen de deux lignes de tirants de bois supportés par des gibets et des tringles de fer. Toutes les fois qu'un changement de direction devient nécessaire, les tirants l'opèrent au moyen d'équerres dont nos mouvements de sonnette peuvent donner une idée. L'extraction de la pierre a lieu dans les deux fosses, au moyen d'une machine à vapeur auxiliaire. La seule différence est qu'à la Grande-Fosse la pierre est élovée dans des bennes, par le puits ; tandis qu'elle est élevée à St-Quentin par des

(1) A 50 m. du puits, et à portée de la galerie horizontale qui y conduit, on perce en ce moment à travers les remblais et les piliers, une galerie inclinée qui suivra la veine en son milieu et jusqu'à son extrémité inférieure. Dans cette galerie sera établi un chemin de fer, incliné à 45° sur lequel des wagons à pierre et des wagons-citernes feront le service de l'étage inférieur. La machine auxiliaire qui servira de moteur, transmettra sa force au moyen d'un cable en fil de fer.

wagons chargés à quatre niveaux différents, au droit des principales galeries latérales. En regard de chacune d'elles, des ponts-levis servant au besoin de plates formes, rendent la communication aussi facile qu'ingénieuse.

2. — Société des Ardoisières Truffy et Pierka.

Cette société n'a pas d'antiques annales, elle date de 1835. Cette année là on ouvrait la fosse Truffy au sud de la Grande-Fosse et du même côté de la route de Flandre.

La veine exploitable a été atteinte par un puits de 22 mètres. Elle plonge vers le sud avec une inclinaison de 45°, comme celle de la Grande-Fosse; elle fournit comme elle du schiste bleu dans sa plus grande épaisseur; mais cette épaisseur est moindre qu'à la fosse voisine.

L'année suivante, Tanton de Charleville commençait des recherches aux environs d'une ardoisière exploitée jadis sous le nom de Pierka, du côté de Châtelet. Ces recherches furent longues et pénibles; mais enfin elles réussirent, au point que la compagnie, propriétaire des deux fosses, n'exploite que celle-ci depuis 1848.

Après avoir traversé au nouveau Pierka un énorme banc de quartz (120 m.), on trouva une veine d'ardoise de 12 à 20 mètres d'épaisseur sur 300 à 400 m. de largeur. La longueur exploitable n'est pas connue; l'inclinaison n'est que de 35°.

Le schiste bleu fin qui domine ailleurs, abonde moins à Pierka; la veine n'en comporte guère que deux mètres; en revanche le schiste grenu gris (oxidulé) a une puissance de 5 mètres au toit, et de 10 à 12 m. au mur. Cette partie surtout est d'une qualité remarquable.

MM. Sauvage et Buvignier ne se trompaient pas, lorsqu'ils prévoyaient, dès 1842, que cette ardoisière avait de l'avenir; sa production n'était encore que de 2 ou 3 millions en 1845; elle atteindra bientôt 20 millions.

Fig. 14. — Vue de l'usine et des baraques de la fosse *Pierra*, appartenant à la société Truffy et Pierka, avec les ouvriers de baraque (ceux qui taillent l'ardoise) photographiés au moment du repos.

(Photogr. de E. Jacoby, de Charleville).

Les travaux de Pierka ressemblent beaucoup aux travaux de la société anonyme : une machine à vapeur et une roue hydraulique font le double service du fond, épuisement et remontage. Pendant quelque temps, la force motrice empruntée au ruisseau voisin a pu suffire pour activer les pompes; mais depuis plusieurs années, une machine à vapeur sortie des ateliers de construction de M. Maljean, de Mézières, complète la force indispensable.

La roue a 10 mètres de chute, sur une largeur de 2 mètres; elle imprime le mouvement aux pompes, au moyen de tirants analogues à ceux que nous avons déjà décrits. Seulement, au lieu d'être en bois, et suspendus à des gibets par des tringles mobiles, ces tirants se meuvent sur des galets légers.

Le travail d'extraction de la pierre à Pierka est celui que nous avons déjà décrit. La pierre se remonte par wagons comme à St-Quentin; comme à St-Quentin aussi, les pompes sont installées dans un immense puits vertical. Les ouvriers circulent au moyen d'échelles fixées au sol des galeries.

La société fait, sous la prudente direction de son régisseur actuel, M. Remy, d'importantes recherches dans les biens de la Compagnie sur la commune du Châtelet. On augure bien de ce travail qui promet une veine épaisse d'excellente pierre.

3. -- Société Ardoisière de La Richolle (Harcy). -- M. de prix en 1865, à l'Exposition internationale de Dublin.

Si vous dépassez un peu Rimogne, venant de Charleville par la route de Flandre, et que vous preniez à droite, comme si vous vouliez vous enfoncer dans la forêt, vous ne tarderez pas à voir s'étaler devant vous, sur le versant d'un coteau un peu sauvage, la belle ardoisière de la Richolle, dont vous avez un croquis sous les yeux (fig. 15).

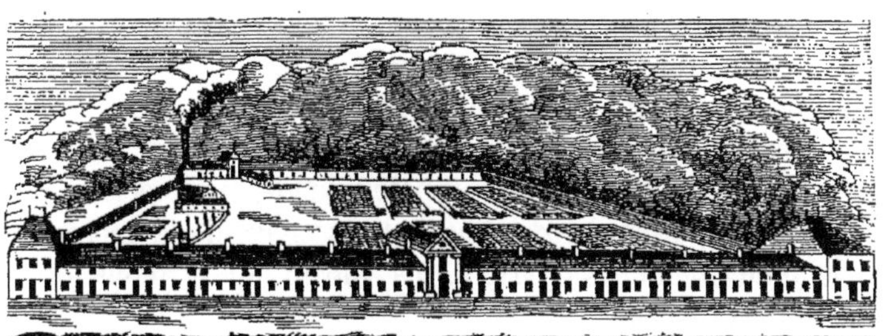

Fig. 15. — Vue de l'installation de l'ardoisière de La Richolle, avec sa cité ouvrière
en avant de l'usine.
(Dessin de M. Bottiaux, régisseur et auteur des plans).

Cette fosse ne remonte pas au-delà de 1842. Quelques
ouvriers ayant découvert un affleurement de belle apparence,
y pratiquèrent des fouilles. Mais, hélas ! il faut des capitaux
puissants pour mener à bien les entreprises de cette nature ;
et ils n'en avaient pas ; ils furent forcés de céder leur
découverte à des capitalistes du département du Nord.
En 1860, des industriels belges se joignirent à la Société
primitive ; ils constituèrent une compagnie assez solide pour
tirer de cette fosse un très-bon parti, et en confièrent la
direction à un jeune ingénieur belge qui ne tarda pas à
justifier leur confiance. Ils connaissaient le vieux proverbe :
tant vaut l'homme, tant vaut la chose.

L'inclinaison de la couche à La Richolle, est, à moins
d'un degré près, celle de la Grande-Fosse ; la pente vers
l'Est est de 2 degrés. La veine est déjà exploitée jusqu'à
250 m. de profondeur sur une épaisseur de 30 mètres.
Elle n'est interrompue que par un banc de quarzite mince
et deux filons-couche insignifiants de quartz laiteux. Sa
puissance augmente beaucoup vers l'Est (1).

(1) Il est à remarquer qu'à Rimogne, sur la rive droite du ruisseau La
Rimogneuse, toutes les veines s'amincissent vers l'Est. — On remarque le contraire à l'ardoisière de La Richolle sur la rive gauche du même ruisseau.
Le même phénomène semble se produire à La Rocaille, sur la même rive ; les
exploitants prétendent que la veine s'est ployée, affaissée dans le vallon ; mais

Le schiste bleu à grain fin, domine à La Richolle, puis le schiste aimantifère; vient ensuite le grenu gris-verdâtre. Tous sont d'excellente qualité.

On pénètre dans l'ardoisière par un plan incliné, suivant la veine. Cette galerie est utilisée pour les trois services du fond : l'épuisement des eaux, le montage de la pierre et le mouvement des ouvriers. La vapeur est la seule force dont on dispose.

L'installation extérieure offre une perspective agréable à l'œil. Au fond, s'étendent sur 80 mètres et sur deux rangs les machines et les ateliers; à gauche sont les bureaux, des hangards, et le logement plus que modeste du régisseur. Toute la coquetterie de la Société a été réservée pour la cité ouvrière dont on voit la distribution au premier plan de la figure.

La cité ouvrière qui est une nécessité du lieu, à cause de l'éloignement du village, se compose de 40 maisons. Elles ont chacune un rez-de-chaussée à deux pièces, dont la première peut contenir un grand lit, et la seconde jusqu'à trois, lits dont un d'enfants (1). Une cave voûtée, un vaste grenier, une petite écurie complètent l'aménagement. Chacun de ces logements a coûté 1200 francs.

Et pour que rien ne manque dans ce petit désert situé à deux kilomètres d'un gros village, vous pouvez voir l'uniformité de la ligne de la cité, rompue avec autant de goût que de simplicité par des pavillons surélevés. Ce sont les établissements importants de la colonie : la boulangerie, l'épicerie, la mercerie, et surtout, hélas! la cantine.

---

qu'elle ne disparaît pas. Ce vallon ne serait qu'une fissure, une *faille* encombrée dedébris.

Si les recherches de ces deux ardoisières et celles qu'on pourra faire à la Fosse-aux-Bois, confirment ces conjectures, la rive gauche de La Rimogneuse présenterait un champ inépuisable d'exploitation dans tout le triage d'Harcy.

(1) Chaque pièce à 16 mètres de surface, sur 2 m. 70 de hauteur. La cave règne sous la pièce de derrière (un peu terrassée) qu'elle assainit; le grenier règne sur le tout. L'écurie est séparée par un couloir extérieur.

4. — Ardoisière de la Fosse-aux-Bois (Harcy).

Ouverte en 1784 par Pillon et abandonnée presque aussitôt, faute de fonds, cette ardoisière resta en chômage jusqu'en 1839, époque où une compagnie dirigée par M. Morin, tenta une nouvelle exploitation, avec des forces insuffisantes.

Depuis trois ans une nouvelle Société s'est constituée; dirigée avec intelligence par M. Lefort, et sous lui par M. Lemmens, elle se hâte de regagner le temps perdu. Ses produits s'élèvent à 7 ou 8 millions.

On rencontre aussi à la Fosse-aux-Bois, plusieurs couches superposées sur une épaisseur totale de 12 à 15 mètres; mais on n'exploite qu'une veine de 7 m. de schiste bleu très-fin.

On ne donne pas un coup de pic dans la terre de Rimogne sans faire surgir des montagnes de points d'interrogation. A la Fosse-aux-Bois, par exemple, on a reconnu vers l'est une couche de pierre verte très-dure, sur une épaisseur de 8 mètres. Un banc de quartz de 0,50 seulement la sépare de la veine bleue. Est-ce un trésor? Est-ce une déception? On espère des merveilles de cette découverte; mais l'expérience, la froide expérience, n'a pas encore prononcé.

L'inclinaison générale à la Fosse-aux-Bois est de 37°, la pente de 15°. La communication avec l'intérieur a lieu par un puits de 28 mètres, au bout duquel on trouve un plan incliné de 110 mètres, en pleine veine. L'extraction des eaux et celle de la pierre se font au moyen de machines distinctes. On n'y a pas la ressource des roues hydrauliques.

L'installation toute récente de cette fosse a permis d'y utiliser les derniers perfectionnements adaptés aux machines, non-seulement pour la force motrice, mais aussi pour la taille des ardoises. Le métier imaginé par le directeur ne s'écarte pas essentiellement des systèmes décrits plus haut; mais il joint à l'élégance des formes une grande simplicité et une extrême solidité.

5. — Ardoisière de La Rocaille (Harcy).

Ouverte en 1840 par M. Bonna, dans une ancienne carrière de la commune d'Harcy, cette ardoisière est celle qui se rapproche le plus du bourg de Rimogne.

Elle ne tarda pas à passer aux mains de M. Hardy-Lebègue ; puis les travaux furent suspendus, malgré les chances incontestables de succès qu'elle présentait.

De longues difficultés entre la commune d'Harcy, propriétaire du fonds, et le concessionnaire, entravèrent longtemps l'exploitation. M. Hardy s'était rendu acquéreur de près touchant à la concession, et il avait obtenu de traverser les *plans verticaux* (limite conventionnelle de la concession), pour exploiter son propre fonds. Il prétendait que les ardoises extraites de là ne devaient rien à la commune ; d'ailleurs, il trouvait exagérée la redevance de la vingtième ardoise à laquelle il était soumis par son traité.

Sur ce dernier point, la commune s'en référait au traité. Sur le premier, elle prétendait que si M. Hardy exploitait son propre fonds, c'était au moyen de travaux faits sur le fonds communal ; et qu'à ce titre la redevance était due.

Après douze ans d'interruption, on finit par où l'on aurait dû commencer, on transigea. La commune mieux inspirée par un nouveau maire, M. Cochard, comprit qu'une redevance moindre bien payée, valait mieux que des conditions ruineuses pour les concessionnaires. On n'éventre pas impunément la poule aux œufs d'or.

Aujourd'hui une compagnie puissante et parfaitement assise, formée par M. Hardy fils, a repris les travaux, dans lesquels toutes les eaux du ruisseau semblaient avoir élu domicile. Ces eaux se sont montrées d'abord rebelles à l'épuisement ; mais elles céderont, cela n'est pas douteux, devant les moyens énergiques mis à la disposition de M. Evrard, régisseur de cette ardoisière, et devant l'habileté de la direction.

MM. Sauvage et Buvignier semblent induire d'observations assez sérieuses que la veine de La Rocaille serait le prolongement de la veine de la Grande-Fosse qui se terminerait en biseau vers le vallon de La Rimogneuse. Cette veine ne disparaîtrait pas entièrement ; un filet de schiste persistant entre toit et mur sous le vallon, se renflerait en lentille de l'autre côté du ruisseau. Les exploitants pensent qu'il n'y a pas *applatissement* mais *plissement* de la veine. C'est un phénomène que nous retrouverons ailleurs d'une manière très-caractérisée , notamment à Fumay.

Si leur explication est fondée, il y aurait perturbation et non disparition de la veine. Ce serait un fait très-heureux pour l'avenir de La Rocaille ; quoique cette exploitation puisse prospérer, comme la Richolle et la Fosse-aux-Bois, même dans l'hypothèse de M. Sauvage.

Statistique du Groupe.

La fabrication des ardoises dans le groupe de Rimogne n'a pas varié beaucoup depuis vingt-cinq ans. M. Sauvage l'évaluait à 47 millions en 1842 ; elle ne dépasse pas 60 millions, même aujourd'hui.

La raison est bien simple : les ouvriers manquent. Nous l'avons déjà dit, n'est pas *escaillon* qui veut. Les gens du métier prétendent qu'il faut avoir « du sang d'escaillon dans les veines. »

Le travail de l'ardoise n'est pas bien attrayant ; il n'est guère lucratif , et il exige une aptitude spéciale.

Il y a quelques années, Bourg-Fidèle fournissait à Rimogne environ 70 ouvriers ; mais la route est longue entre les deux villages. Une fonderie de fer s'est installée à proximité , et les escaillons se sont fait fondeurs. Nous verrons le même fait se reproduire dans les autres groupes. Aujourd'hui Rimogne ne peut pas compter sur plus de 700 ouvriers.

Les ardoisiers de Rimogne et d'Harcy travaillent par brigades. Une brigade entreprend un ouvrage à prix débattu, à *tant* du mille d'ardoises de tel échantillon. Le prix est calculé par l'entrepreneur sur des journées de 3 à 5 francs pour les ouvriers *du fond*, et de 2 fr. 50 à 3 fr. 50 et quelquefois 4 fr. pour les ouvriers *du jour*. L'enfant est reçu parmi les ouvriers du jour à dix ans ; il compte d'abord comme *quart* d'ouvrier, puis comme *tiers*... il est ouvrier *fini* vers dix-huit ans. Pendant tout son apprentissage, son *maître* a touché la moitié de son salaire.

Le crabotage se compte toujours à part et à la tâche ; il correspond en moyenne à des journées de 3 fr. 50 à 4 fr. Le percement des galeries et le creusement des porches se paient au mètre courant, suivant les dimensions de l'ouvrage et la dureté de la pierre. Il y a des galeries de $1^m 80$ sur $1^m 80$, dans une pierre de difficulté moyenne, qui ne coûteront pas plus de 250 francs par mètre courant ; d'autres seront payées jusqu'à 600 francs.

Des vérificateurs comptent et examinent scrupuleusement les ardoises fabriquées, et cassent impitoyablement ce qui est irrégulier. Des inspecteurs sont incessamment occupés à visiter les travaux du fond pour empêcher les imprudences et veiller à la solidité des ouvrages. En général, les ouvriers sont d'une imprudence extrême et jouent avec la mort. S'agit-il de faire tomber un bloc ? A chaque instant l'ouvrier lui *tâte le pouls*, d'une main, tandis que de l'autre, il le frappe doucement avec le pic. Les *pulsations* qui en résultent lui disent le degré d'adhérence. Si le morceau est long à faire tomber, un coin est enfoncé dans le *déjoint* au moment du départ. Le premier soin des ouvriers, en rentrant à l'ouvrage, sera de s'assurer de son état. S'il tient encore, ils sont tranquilles ; mais s'il est moins serré... attention ! le morceau est en mouvement. — Si le déjoint est à peine visible, on y met une goutte de suif ; dès que le

suif blanchit, se rompt, l'ouvrier se tient sur ses gardes.
— Les *gouttières* fournissent aussi un indice des plus
remarquables, surtout sur les chemins. Une gouttière qui
change de place ou de direction, annonce un mouvement
et appelle toute l'attention de l'ouvrier.

Rimogne fabrique aujourd'hui tous les échantillons
d'ardoise, même les modèles anglais de la plus grande
dimension. La société anonyme est chargée en ce moment
d'une commande de cette sorte pour la bibliothèque
impériale.

Ces ardoises ne pouvant se faire à la main, une fabrication mécanique a été aussitôt improvisée. (L'habile
régisseur n'est jamais pris au dépourvu.) Elle se fait d'abord
au moyen d'une scie circulaire à charriot qui coupe les
ardoises, en travers, à la dimension convenable; ensuite
une forte cisaille à pédale taille d'un coup chacun des longs
côtés. Sitôt que le chemin de fer s'ouvrira, cette fabrication sera installée sur la machine hydraulique qui doit être
construite pour l'épuisement des eaux de Ste-Barbe.

Nous donnons ci-après les modèles les plus usités à
Rimogne; il faut y ajouter l'ardoise octogone à agrafe du
système Fourgeau. Nous en avons parlé à l'occasion des
métiers à tailler l'ardoise.

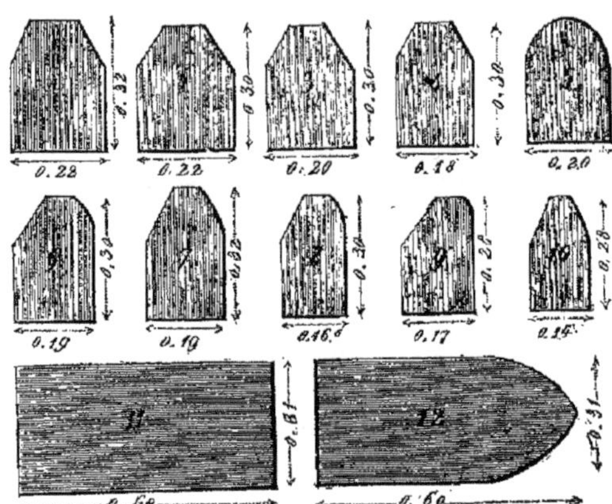

Fig. 16. — Forme et dimensions des ardoises.

N^os de la figure	DÉNOMINATIONS des ARDOISES.	DIMENSIONS.		POIDS MOYEN des 1,040 ardoises.	PUREAU.	Nombre d'ardoises entrant dans un m. e	PRIX des 1,040 ardoises sur les fosses.
		Haut^r	Larg^r				
1	1re Carrée, gr^d modèle.	0.32	0.22	500	110	42	29 »
2	1re Carrée, demi-forte.	0.30	0.22	420	100	46	26 »
3	2e Carrée, d° ..	0.30	0.20	390	100	50	24 »
4	3e Carrée, g^de moyenne.	0.30	0.48	360	100	55	22 »
5	Écaille	0.30	0.20	390	100	50	25 »
6	St-Louis bleu	0.30	0.49	340	95	55	23 »
	d° grenu........	0.30	0.49	340	95	55	24 »
7	Barras bleu veiné	0.32	0.49	360	100	53	22 »
	d° grenu........	0.32	0.49	370	100	53	24 »
8	Démélée bleue veinée.	0.30	0.165	300	90	67	18 »
	d° grenue	0.30	0.165	300	90	67	19 »
9	Flamande..........	0.28	0.17	260	90	66	18 »
10	Commune	0.28	0.14	215	80	83	13 »
	Modèles anglais , N°s 1.	0.64	0.36	3 500	28 c/m	10	200 »
	(carrés ou à ogive). 2.	0.60	0.36	3 250	26	10.7	190 »
	3.	0.60	0.31	3 000	26	12.4	170 »
	4.	0.54	0.31	2 700	23	14	150 »
	5.	0.54	0.27	2 300	23	16	130 »

CONDITIONS DE LA PUBLICATION.

L'ouvrage est publié par livraisons de 32 pages au moins, avec illustrations dans le texte.

Il formera 32 livraisons ; — soit deux beaux volumes grand in-8°.

Il paraît une ou deux livraisons par mois. La première est en vente.

Prix de chaque livraison : *un franc*.

Pour recevoir l'ouvrage *franco*, par la poste, il suffit d'envoyer aux auteurs :

1° Un mandat de *huit francs* en souscrivant ;

2° Trois mandats de pareille somme après la 8°, la 16° et la 24° livraison ;

Les souscripteurs recevront *gratuitement*, comme les fondateurs, toutes les livraisons qui dépasseraient le nombre 32.

Le tirage de chaque livraison étant réglé d'après les besoins constatés, les *non-souscripteurs* sont exposés à ne pouvoir compléter les livraisons demandées tardivement.

SOUS PRESSE : **ARDOISIÈRES** ; 2° et dernière partie :

Groupe de Deville et Monthermé ; — Groupe de Fumay et Haybes. — Tentatives diverses.